I0403789

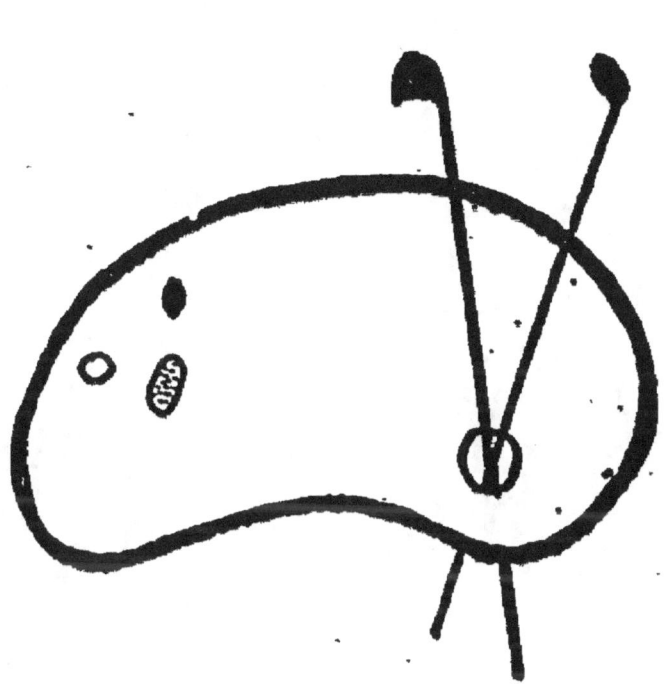

DEBUT D'UNE SERIE DE DOCUMENTS
EN COULEUR

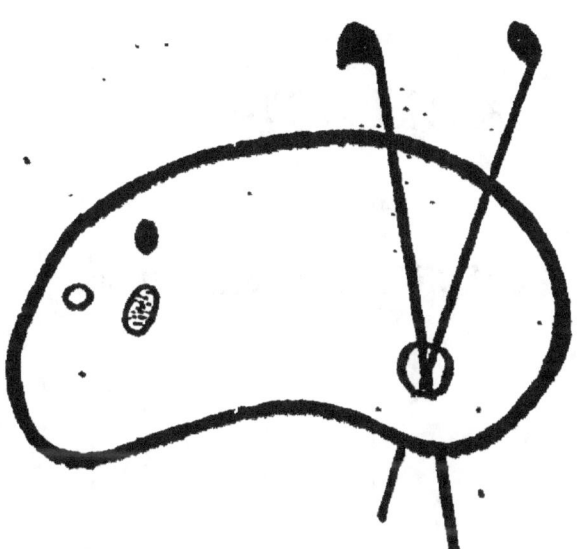

FIN D'UNE SERIE DE DOCUMENTS
EN COULEUR

CATALOGUE

DE

TABLEAUX, DESSINS, ESQUISSES, CROQUIS.

27 novembre 1831

CATALOGUE

DE

TABLEAUX, DESSINS,

ESQUISSES, CROQUIS, Doc. 2 PROST

DE FEU M. PERRIN,

ANCIEN ACADÉMICIEN, PEINTRE D'HISTOIRE,
DIRECTEUR DE L'ÉCOLE ROYALE GRATUITE DE MATHÉMATIQUES ET DE DESSIN;

ET

DE QUELQUES TABLEAUX ANCIENS ET MODERNES,

ESTAMPES EN FEUILLES ET BOSSES BIEN CONSERVÉS,

ainsi

PAR M. G, D, S, G.,

Ex-pensionnaire du feu Roi de Pologne, professeur de l'École royale
de mathématiques et de dessin.

———

La vente de ces objets aura lieu aux enchères et argent comptant,
le 27 novembre et jours suivans, à onze heures très précises, rue de
l'École-de-Médecine, n° 5, par le ministère de M. de la Ribellerie,
commissaire-priseur, rue de Paradis, n° 16.

L'exposition publique aura lieu les 25, 26 et 27 du courant, de une
heure à quatre.

LE PRÉSENT CATALOGUE

SE DISTRIBUE CHEZ M. DE LA RIBELLERIE,

ET AU CHEF-LIEU DE LA VENTE.

PARIS, 1831.

ÉLOGE DE M. PERRIN,

MEMBRE DE L'ANCIENNE ACADÉMIE DE PEINTURE,
DIRECTEUR AGENT GÉNÉRAL DE L'ÉCOLE GRATUITE ET DE DESSIN,
PRONONCÉ SUR SA TOMBE, PAR M. GAULT DE SAINT GERMAIN,
LE 24 SEPTEMBRE 1831.

La mort, dépouillée du terrible appareil dont elle est environnée, n'est que le soir d'un beau jour, dit un sage, pensée qui renferme la vie entière de Jean Charles Nicaise Perrin, peintre d'histoire, né à Paris, le 12 octobre 1754, décédé le 23 septembre 1831.

M. Perrin fit une partie de ses études chez Doyen, et l'autre dans l'école de Durameau. A l'aurore de ses talens, il a mérité le brevet de pensionnaire du Roi à l'Académie de Rome.

Les faits qui concernent M. Perrin parlent en faveur des louanges que sollicite sa mémoire. A l'heure qu'il est, elles ne sont plus sujettes à l'envie; l'instant de les justifier est arrivé.

Si le glorieux avantage de régner avec éclat dans l'opinion publique est une jouissance, le vrai mérite n'en est pas toujours favorisé; trop souvent il irrite l'envie, l'estimable artiste que nous regrettons en offre l'exemple : car ce n'est peut-être qu'à cette importante passion, et la plus constante, qu'il a dû être privé des honneurs de l'Institut, de l'insigne créé pour le mérite et le courage, et de n'être point placé dans une galerie célèbre au rang des émules avec lesquels il a travaillé de concert dans l'Ecole de Rome, et refouler les vices et les routines de la vieille école de France.

La fortune est aveugle, dit-on; c'est pourquoi les plus adroits en recueillent les biens qu'elle répand sans considération, sans discernement. M. Perrin, qui méprisait le stratagème des heureux par adresse, montrait autant d'aversion contre les réputations de fortune; il respectait l'opinion, non cette opinion qui pervertit la raison, la vérité, mais l'opinion, empire de l'équité, qui conserve le souvenir des titres honorables, de ceux-là mêmes qui les dérobent sous le voile de la modestie; vertu qui déprime souvent les plus rares qualités, et qui n'a pas été sans influence contre la vogue des talens de notre artiste, qui la possédait jusqu'à l'excès.

On avait oublié qu'en 1787 il fut agréé à l'Académie royale de peinture et de sculpture à une très-grande majorité, et que la même année il fut reçu académicien avec toute la pompe des suffrages unanimes.

Dans l'histoire des contemporains qui ont coopéré à la restauration du grand goût, les suffrages de l'opinion publique sont d'accord avec les suffrages académiques sur le choix, la moralité, l'excellence des nombreux travaux de M. Perrin. Ce qu'on y découvrait, ce qu'on y découvrira toujours, si sa mémoire reste inaccessible à l'envie, c'est un heureux choix d'idées, d'images nobles; le coloris de la sensibilité, l'enchaînement des doctrines conservatrices du grandiose dans le style historique,

l'expression juste, le goût épuré du vrai, surtout
cette naïveté que l'on perd souvent en approfondis-
sant l'étude des convenances. Cette naïveté, chef-
d'œuvre de l'art dans ceux à qui elle n'est pas
naturelle, et la preuve d'un grand sens en la dé-
daignant quand l'action l'exige, c'est-à-dire ce
sentiment qui décide le bon, qui ramène les choses
au premier fondement des beautés de l'art et de la
nature, dont les antiques écoles grecques four-
millent d'exemples.

Tel est le développement du double caractère qui
surgit des expressions variées de notre artiste, telles
sont les qualités qui fixent l'attention en présence
de ses nombreux travaux qui seront énumérés et ju-
gés dans un autre moment.

M. Perrin n'a point fait d'élèves; son inclination
pour la vie calme et paisible détournait de sa pensée
l'ambition de faire école. Malgré cette répugnance,
il a cependant dirigé l'école royale de mathématiques et de dessin avec le zèle, le soin, la pru-
dence d'un bon père de famille, avec la conscience
d'un comptable sans reproche, et de concert avec
des professeurs de son choix, toujours approuvés par
le gouvernement, approuvés par l'opinion sur des
preuves honorables de capacité dans les sciences et
dans les arts.

En appelant à cette fonction M. Perrin, c'était
mettre à contribution des vertus, des qualités, des
talens sans éclat dans le monde.

Réduit, pour ainsi dire, à faire abnégation de tout
ce qui pouvait le maintenir dans la haute région où

sa place restera toujours honorable, il a considéré l'établissement confié à ses soins comme la pépinière de l'industrie et de ses immenses progrès depuis plus de soixante ans, comme un asile ouvert aux familles ouvrières, à l'infortune privée des secours et des lumières de l'éducation. C'était tout à la fois répondre aux vues bienfaisantes de son fondateur J. J. Bachelier, et à la munificence du gouvernement.

Sous les auspices de M. Perrin, cette institution philantropique s'est élevée au niveau des progrès du siècle, quoique bornée, par sa nature, aux élémens purs et simples des arts mécaniques, et a été aussi florissante, aussi abondante en sujets qui ont accéléré les progrès de l'industrie et quelquefois importé, dans de plus hautes études, de nouvelles applications des bons élémens qu'on y professe.

En attendant la justice que la postérité prépare à la mémoire de M. Perrin, et avant de quitter la terre qui contient sa dépouille mortelle, disons qu'il a vécu comme un homme de bien qui connaît et sait apprécier le bonheur, ce bonheur qu'on ne cherche ni dans la vanité ni dans l'ambition, mais dans les âmes modestes, qui ne désirent, n'espèrent et ne demandent rien. Que son éloge retentisse éternellement sur sa tombe pour être recueilli par l'historien avec la même conviction et la même impartialité qui exhalent de nos regrets, de la douleur de sa famille et de la reconnaissance des familles de la capitale.

AVIS.

Il ne faut pas s'attendre à trouver dans la vente que nous annonçons de quoi satisfaire les spéculations de l'avarice, ni les projets de l'égoïsme. Borné aux œuvres d'un artiste qui a très honorablement rempli sa tâche dans la république des arts, c'est aux gens de bien, aux amis des arts qui en connaissent le besoin et la gloire, aux artistes sans préjugés, sans envie, que nous adressons le présent catalogue. Il n'est pas volumineux, mais nous nous croyons en état de fixer l'opinion sur ce qu'il contient d'utile pour l'étude, et d'agréable pour la jouissance des collections et des galeries, ainsi que d'appeler l'attention sur des preuves suffisantes pour apprécier le mérite des œuvres de l'ar-

'tiste répandues en France, en Angleterre et en Russie. Peut-être y découvrira-t-on aussi des matériaux propres à réfuter le jugement des envieux du mérite d'autrui, qui se plaisaient à publier que ses productions ne déroulaient que tout ce qu'on peut apprendre, et qui se gardaient bien d'y louer ce qu'on n'enseigne point (et qu'un système d'égarement dans l'Ecole française entraîne chaque jour dans l'abîme), c'est-à-dire les trésors de l'invention, de la composition, de l'expression; les convenances historiques, un bon choix du vrai, un dessin pur, les meilleures spéculations de la chromatique et du clair-obscur, une perspective rigoureuse, le charme de la *morbidezza* dans l'exécution, et d'autres qualités rares énoncées plus haut.

Faute d'encouragement, l'artiste en question, depuis plusieurs années, fréquentait peu son atelier, et notamment depuis la perte du comte d'Angevilliers, ordonnateur des bâtimens, manufactures et arts, justement qualifié, dans son temps, le Mécène des artistes et des arts libéraux. Et, à dire vrai, depuis cette perte, si on excepte les énormes prodigalités de l'empire, et ses vastes entreprises, qui seront de toute éternité, à qui décernerait-on le noble et généreux titre de l'ami des muses, du favori d'Auguste?....

CATALOGUE

DE

TABLEAUX, DESSINS, ESQUISSES

DE FEU

M. PERRIN, PEINTRE D'HISTOIRE.

TABLEAUX.

1. *Socrate* surprenant Alcibiade entre les bras de la Volupté. (Hauteur, 5 pieds 9 pouces; largeur, 7 pieds.)

N. B. Nous osons pressentir l'accueil du gouvernement en faveur de ce précieux tableau que la hiérarchie des talens régénérateurs de l'Ecole française réclame au Muséum; réparation, ce semble, que l'on doit à l'artiste, qui, durant sa vie, n'a point eu la jouissance, la juste récompense, dis-je, d'occuper une place dans la galerie du Luxembourg.

2. *Hector, dans le palais d'Hélène*, reprochant à Páris sa lâcheté, et lui annonçant le combat singulier entre lui et Ménélas. (H., 5 p.; l., 4 p. 10 p.)

3. *Dévoûment des femmes spartiates* aux approches des armées de Pyrrhus.

Le gouvernement ayant arrêté de faire sortir de la ville les femmes et les enfans à l'approche de Pyrrhus, Archidamie, au milieu de l'assemblée, repousse cette mesure, en déclarant qu'elle et toutes ses compagnes partageront toutes les chances du combat en se rendant utiles. (H., 3 p. 10 p.; l., 4 p. 10 p.)

4. *Courage et humanité des femmes spartiates* pendant la guerre contre Pyrrhus. (H., 3 pi. 9 po., l., 7 pi. 2 po.)

5. *César-Auguste visite Cléopâtre* et l'engage à surmonter sa disgrâce, espérant, en lui conservant la vie, en faire l'ornement de son triomphe. (H., 2 p. et demi, l., 3 p.)

6. *La Tempête*, idylle de Gesner. (H., 8 p. 2 p.; l., 7 p. 2 p.) Excellente production de l'artiste.

7. *Anaxagoras visité par Périclès.*

Ce philosophe, tombé dans la plus affreuse indigence, avait résolu de se laisser mourir de faim; Périclès, touché d'une si funeste résolution, tenta de l'en détourner; mais le philosophe s'enveloppa de son manteau et répondit à son disciple : *Il n'est plus temps de verser de l'huile dans la lampe quand la lumière est éteinte.* (H., 3 p.; l., 2 p. 5 p.)

N. B. Le grand tableau du même sujet est en Angleterre.

8. *Saint Sébastien* assisté d'un ange qui lui retire les flèches. (H., 6 p. 7 p.; l., 5 p. 2 p.)

9. *Mercure s'apprête à tuer Argus*, commis à la garde de la vache Io. (H., 5 p. 8 p.; l., 6 p. 8 p.)

10. *Saint Jean dans le désert.* (H., 5 p. 2 p.; l., 3 p. 9 p.)

11. *Un officier macédonien*, prosterné en suppliant, et pour apaiser la sévérité d'Alexandre. (H., 4 p. 5 p.; l., 5 p. 11 p.)

N. B. Belle étude faite à Rome, et envoyée de la pension à l'Académie de France.

12. *Cygne, fils de Mars*, s'opposant au passage du fils d'Alcide, sur le point de terminer ses travaux, est puni

de sa témérité. Sujet tiré des travaux d'Hercule. (H., 9 pi.; l., 11 pi. 6 po.)

Nous recommandons ce grand tableau à la bienveillance du gouvernement pour l'instruction publique, et l'ornement des Musées de France.

N. B. L'esquisse de ce tableau, faite à la pension du Roi, à Rome, a été très applaudie; nous la joignons à ce même Numéro.

13. *État primitif de l'homme.* Belle étude, faite pour un plus grand tableau.

N. B. Sujet tiré de Lucrèce. On ignore le sort du grand tableau qui était au Musée de Versailles.

14. *Cyanipe, roi de Syracuse, sacrifié par sa fille* (prêtresse du temple) au pied de l'autel de Bacchus. Esquisse soignée (faite en Italie) du grand tableau qui est au Musée de Lyon. (H., 2 p. 11 p.; l., 2 p. 6 p.)

15. *Cyrus, dans les domaines de Gobrias,* reçoit des présens magnifiques de ce seigneur, qui lui présente aussi sa fille, dont la beauté fixait tous les regards, priant le roi des Perses de la prendre sous sa protection.

L'historien Hérodote dit que Cyrus accepta les présens de Gobrias, et qu'il les offrit à sa fille pour augmenter sa dote. (H., 2 p. 6 p.; l., 2 p. 11 p.)

16. *La France, appuyée par la Religion, consacre à Notre-Dame-de-Gloire les drapeaux pris sur l'ennemi.* Réduction du tableau commandé par Napoléon, pour la chapelle des Tuileries.

17. *Énée blessé et pansé par Esculape sur le mont Ida.* Il est assisté par Vénus qui lui présente le dictame. Esquisse soignée du tableau de M. Perrin, pour sa réception à l'Académie royale. (H., 3 p.; l., 2 p. 6 p.)

18. *Cléobis et Biton,* deux frères célèbres par leur piété envers leur mère. (H., 23 p.; l., 29 p.)

19. *Pauline, soustraite à la mort par l'ordre de Néron,* éloignée par les gardes du triste spectacle de Sénèque mourant. (H., 2 p. 8 p.; l., 3 p.)

20. *La Piété filiale.*

Une mère, condamnée à périr de faim dans sa prison pour avoir manqué à l'honneur, est allaitée par sa fille; le geolier, supris de la prolongation de son existence, après s'être assuré de la cause, en fit son rapport au juge. Le sénat, instruit, décida qu'en mémoire d'une si louable action, il serait construit un temple à la Piété sur l'emplacement de la prison. Le grand tableau a passé en Angleterre. (H., 2 p. 5 p.; l., 3 p.)

21. *Socrate en prison.* Il engage ses amis à éloigner sa femme qui se lamentait sur son refus d'admettre le conseil de ses amis pour son évasion.

22. *Anacréon.* Belle étude pour le grand tableau. Plusieurs bonnes têtes d'étude seront vendues sous ce numéro.

23. *Rit féroce des victimes humaines, employé à la divination par l'armée de Théodebert.* Tableau exécuté en loge pour le concours du grand prix de peinture à l'Académie royale.

24. *Tête d'expression,* modèle de celle qui a été exécutée dans le magnifique tableau de M. Perrin, pour la chartreuse de Paris, intitulé la *Mort de la Vierge.*

N. B. Cette tête a été peinte en Italie, d'après une dame romaine qui venait d'expirer.

25. *Sainte Cécile.* Belle copie faite à Rome, d'après *Guido Reni.* (H., 3 p.; l., 2 p. 3 p.)

26. *Deux tableaux pendans,* sujets tirés de Gesner. (H., 14 p.; l., 11 p. et demi.)

27. *Vision de la Vierge.* Bonne copie faite à Rome, d'après Le Guerchin. (H., 7 p. 2 p.; l., 5 p. 2 p.)

28. *La mort de Sénèque.*

29. Nombre d'esquisses, d'études peintes, omis dans ce catalogue, seront appelés et vendus sous ce numéro.

TABLEAUX ANCIENS ET MODERNES.

30. ROBERT (Hubert). Vue pittoresque de monumens en ruine, avec figures. Tableau bien conservé et du meilleur temps de ce maître. (H., 3 p. 1 p.; l., 2 p. 7 p.)

31. DU MÊME. Une roche caverneuse avec cascade. (H., 13 p.; l., 10 p.)

32. BRANDI (*Giacinto*). Beau fragment d'un tableau de ce maître de l'Ecole romaine, dont les ouvrages sont rares en France. (H., 4 p. 5 p.; l., 4 p.)

33. LAFOSSE (Charles de). *Apparition de J.-C. aux trois Maries.* (H., 2 p. 6 p.; l., 2 p. 1 p.)

34. RUBENS (Pierre Paul). Une *Tête de Vieillard.* Portrait d'après nature, ainsi que l'indique quelques lignes autographes de la main même de Rubens, au dos du panneau. (H., 14 p.; l., 10 p.)

N. B. Ce tableau, dans son ancienne bordure, découvert il y a quelques années, a été conservé jusqu'à présent, dans son état primitif.

35. GIORGION (*Barbarelli*). Le *Cénacle*, tableau classique et qui n'a jamais été répandu (H., 25 p.; l., 5 p.)

N. B. Le gardien de l'exposition donnera connaissance de

la notice sur ce tableau aux amateurs qui désireront y jeter
un coup d'œil, cette notice étant trop étendue pour entrer
dans le présent catalogue.

36. *Marche de Cavaliers*, dans le goût de François Casa-
nove. (H., 12 p.; l., 8 p. et demi.)

37. Une *Pastorale*, par M. G. D. S. G. (H., 5 p. 9 lig.;
l., 8 p. 11 lig.)

38. *Portrait de M. Éro de Seckel*, victime de la révolu-
tion de 1789.
   N. B. Ce portrait n'a point été retiré par la famille de l'a-
cher de M. Perrin, ni terminé par l'artiste.

39. *Portrait de M. Nadaillac*, également resté dans l'a-
telier de M. Perrin.

40. *La Vierge*, par Pajou. (H., 2 p. 1 p.; l., 1 p. 8 p.)

DESSINS ENCADRÉS ET SOUS VERRE; DESSINS
CARTONNÉS, ESQUISSES, CROQUIS, etc.

C'est dans les études, les projets, les esquisses, les croquis
d'un artiste que l'on découvre la route qu'il a tenue pour at-
teindre son but, et qu'on parvient à suivre la succession des
progrès qui l'ont conduit jusqu'à la fin de son œuvre. C'est dans
les variantes qu'il a jetées sur le papier pour un même sujet qu'on
reconnaît la fécondité de son génie, l'enchaînement de ses
idées, l'expression de ses pensées, son intelligence dans le clair-
obscur; souvent un simple croquis, un souffle, un rien, sous
les traits fermes, spirituels de la plume ou du crayon, prennent
autant de vie, d'existence qu'un ouvrage achevé. Malheur au
curieux qui en dédaigne l'intérêt, lorsqu'il rejaillit d'un talent
supérieur! Heureux l'artiste qui en comprend le mérite! Dans
cette série, les portefeuilles de M. Perrin déroulent quelques

richesses qui ne peuvent manquer d'être bien accueillies des artistes et des amateurs. Ils y découvriront aussi des études plus sérieuses, des dessins précieusement terminés, dignes de figurer dans les plus riches collections et dans les écoles du premier ordre.

DESSINS ENCADRÉS.

41. *Apollon*, dit du *Belvéder*. Grand dessin à la sanguine, d'après l'antique. (H., 2 p. 6 p.; l., 1 p. 8. p.)

42. *Castor et Pollux*, d'après l'antique. Dessin à la sanguine. (H., 2 p. 5 p.; l., 1 p. 9 p.)

43. *Le Gladiateur*, d'après l'antique. Dessin à la sanguine. (H., 2 p. 4 p.; l., 1 p. 7 p.)

N. B. Ces trois dessins classiques ont été faits en Italie pendant le séjour de M. Perrin à la pension du Roi.

44. *Courage et humanité des femmes spartiates* pendant la guerre contre Pyrrhus. Précieux dessin lavé, rehaussé de blanc. C'est le même sujet indiqué au n° 4, avec quelques changemens.

45. *La Garde impériale découvre les drapeaux français dans l'arsenal de Vienne*, en Autriche.

(Napoléon, maître de Vienne, 1809), dessin soigné au crayon noir, rehaussé de blanc.

46. *Cyrus au berceau condamné à périr par l'ordre d'Arsyages*, troisième roi des Mèdes. Dessin au crayon noir rehaussé de blanc.

47. *Diane surprise au bain par Actéon*, d'après le marbre d'Allegrain, exécuté pour le parc de Lucienne. Trois côtés de cette belle statue, dessinés au crayon noir, rehaussé de blanc. Précieux dessin qui rappelle

ce distique du poète Guichard, en voyant la statue
d'Allegrain.

Sous ce marbre imposteur, toi, que Diane attire,
Crains le sort d'Actéon, tu vois qu'elle respire.

(L'inscription du dessin porte Vénus, c'est une erreur.)

48. *Allégorie sur la restauration du trône de la branche
aînée des Bourbons.* Précieux dessin lavé, rehaussé de
blanc.

49. *La Coupe empoisonnée de Cléopâtre, reine de Syrie,*
mère d'Antiochus Grypus, sœur de Séleucus; elle-
même victime de son crime atroce.

50. Plusieurs études de têtes faites en Italie, d'après
Raphaël-le-Dominicain, etc., et qui n'ont jamais été
gravées.

51. *Derniers momens de Sévère (Lucius Septimus).*
Dessin caracbesque dans l'invention et l'exécution, où
l'on reconnaît évidemment l'influence du bon génie
qui a régénéré l'École française.

52. Trois Esquisses, dont *Hercule sur le bûcher* déposant
ses armes entre les mains de Philoctète.

53. *La Mort de Sénèque.* Fragment d'une peste. Deux
dessins lavés.

54. *Le Mercure élancé.* Deux côtés de cette jolie statue,
au crayon noir, rehaussé de blanc.

55. *Andromaque.* Belle étude au crayon estompé.

56. Triomphe de Paul-Emile en Ligurie.

57. Tête de Femme couronnée, aux trois crayons.

58. Plusieurs études et croquis encadrés.

59. La France, s'abandonnant dans les bras du Temps aperçoit Minerve qui lui montre le médaillon de son libérateur. Mars et le dieu de la lumière chassent du temple de la Paix l'Erreur, la Fraude et l'Ignorance. L'Histoire, appuyée sur les ailes du Temps, ayant pour témoin la Vérité, trace sur ses tablettes ce qui se passe sous ses yeux. (Dessin au crayon noir.)

N. B. C'est l'esquisse du tableau pour Louis XVI, commandé par le comte d'Angevilliers.

60. Une gouache de Moreau le jeune, montée sous verre.

DESSINS CARTONNÉS.

61. Plusieurs lots de figures académiques savamment dessinées, la plupart en Italie, et autres études.

GRAVURES.

62. Plusieurs gravures de différens maîtres, d'après Martin et autres.

63. Etudes, ornemens, fleurs, figures et paysages, 55 pièces.

64. 24 Pièces, d'après Raphaël, Dominicain, Poussin, Vander Meulen et autres.

65. 29 Pièces; Lanfranc, Titien, Raphaël, Bernard, Picard, Mignard, Véronèse, Carlo Lozi, Poussin, Pervier.

66. Galerie du palais Farnèse. 24 feuilles.

67. Suite de Psyché. 51 pièces.

68. Fragmens de l'Œuvre de Piranesi. 12 pièces.

69. Huit grands paysages du Poussin.

70. Plafonds de la chapelle de Sceaux, par Charles Lebrun, et autres plafonds. 9 pièces.

71. Chapelle des Enfans Trouvés, par Natoire. 12 pièces.

72. 4 Petites batailles, d'après Lebrun. Plus, Brebiette, Pariseau, etc. 44 pièces.

73. Bas-reliefs antiques, par *Pietro Santi*. 25 pièces.

74. Pièces publiées dans des ouvrages typographiques, par MM. Perrin, Peyron, le Barbier et Moreau. 21 pièces.

75. 35 Pièces publiées par M. Perrin dans des ouvrages typographiques.

76. Recueil de bonnes études, d'après le Poussin. 31 pièces.

77. Bonnes études de têtes.

78. Dédale et Icare, de Vien, gravés par Preisler, morceaux de réception des deux artistes à l'Académie Royale; le Massacre des Innocens, par Charles Lebrun; la Famille de Darius, par le même, gravée par G. Edelinck; la Reine de la Grande-Bretagne, par Van-Dyck et Strange; le Sacrifice de la Rose, par Fragonard. 5 pièces.

79. Galerie française, publiée par Al. Lenoir. 15 pièces.

80. Reconstruction de la salle de l'Odéon, par Peyre et Dewailly. 12 feuilles.

81. Cours complet d'études du dessin, publié par Mongin et Bourgeois. Trois cahiers in-fol. 52 pièces.

82. Le Jugement universel, par Michel-Ange, publié par Piroli. In-fol. 16 pièces.

83. Animaux, ornemens et fleurs. 60 pièces in-fol.

84. Recueil de Fleurs, d'après Redouté et Van Spaen-donck. 23 pièces in-fol.

85. La Genèse, d'après Raphaël.

86. Collection des vignettes pour l'histoire du Langue-doc, par don Vesset.

85. Bas-reliefs, marbres antiques, publiés à l'eau-forte par François Perrier. In-fol.

86. Bosses, anciens creux, la plupart bien conservées.
    Savoir : le Torse, grandeur de nature, moulé sur l'Antique; Hercule, Apollon, par Julien; l'Appoline, les deux Gladiateurs, Atlas; l'écorché de Houdon, le masque de Jupiter, trente têtes environ. Plusieurs anciennes épreuves de la Colonne Trajanne, et plusieurs membres, pieds, bras, mains, etc.

87. Boîte à couleurs, avec ses ustensiles, chevalets, etc.

90. Antoine, espérant revoir Cléopâtre, se laisse panser sa blessure. (H., 7 p. 4 p.; l., 8 p. 7 p.)
    M. Perrin a traité le même sujet pour la Russie.

91. Les Misères humaines, à la suite de l'Anarchie, con-solées par le retour des Lois, de la Paix, du Commerce et de l'Abondance. (H., 22 po.; l., 18 po.)
    M. Perrin a traité le tableau en grand.

FIN.

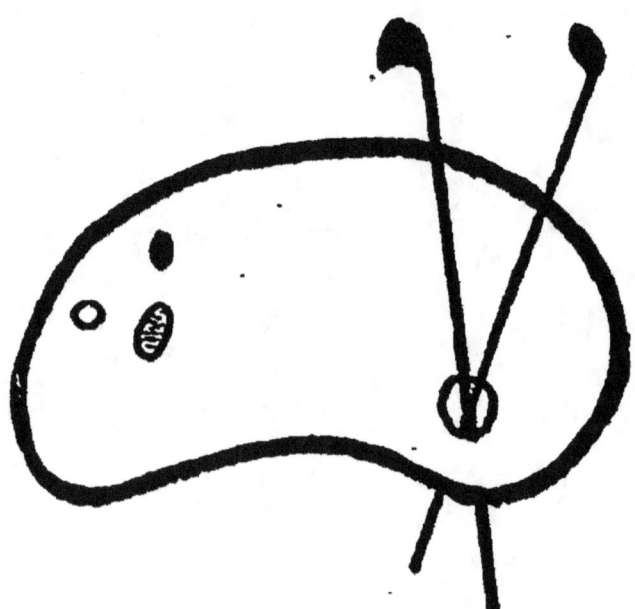

ORIGINAL EN COULEUR
NF Z 43-120-8

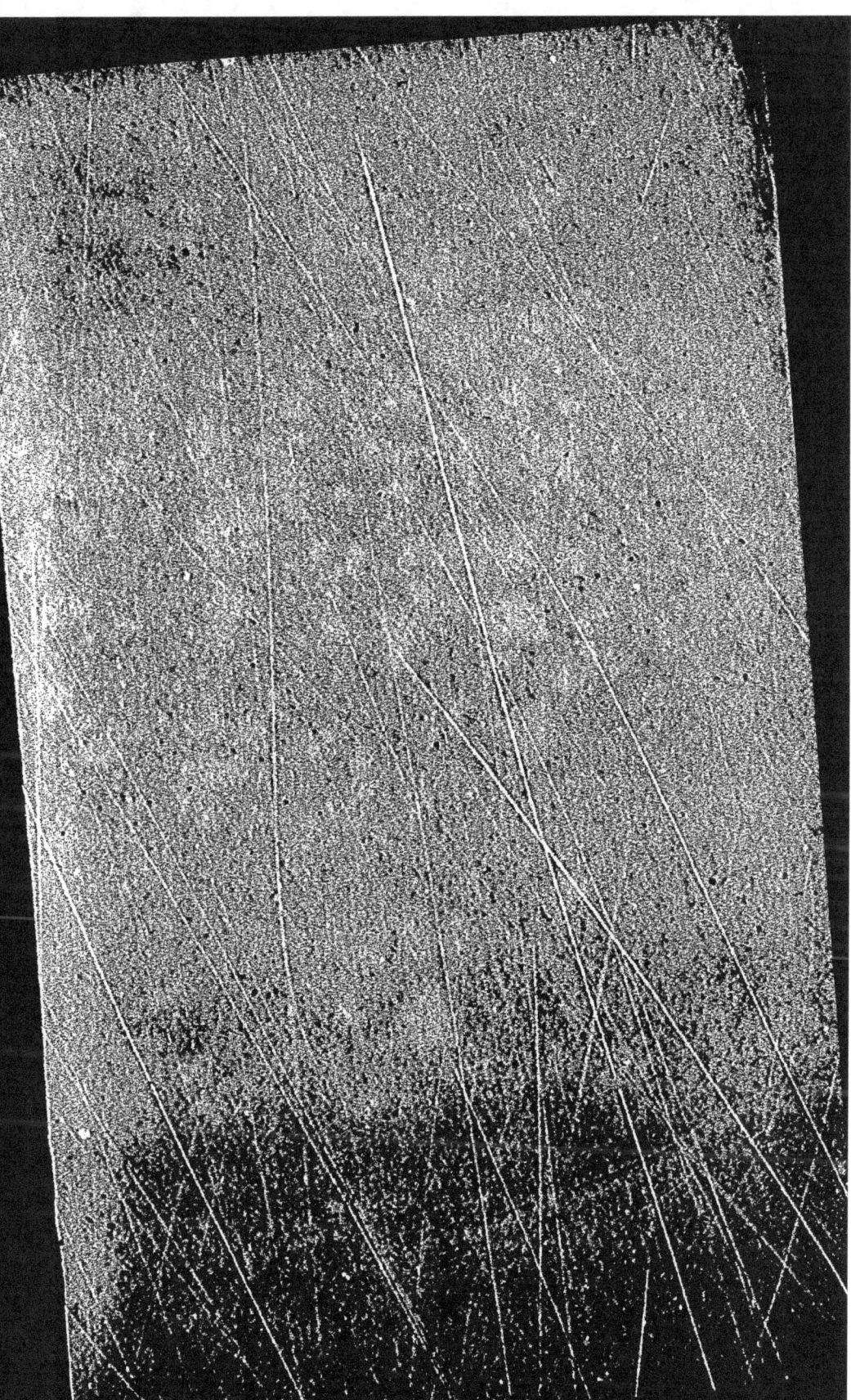

www.ingramcontent.com/pod-product-compliance
Lightning Source LLC
Chambersburg PA
CBHW030125230526
45469CB00005B/1801